El
Estafador
Romántico

The Romance Scammer

JULIO FOPPOLI

Graded

SPANISH-ENGLISH NOVELS

If you want it, you can do it.
Don't let anyone tell
you that you can't.
Just go for it!

Si tú quieres, puedes hacerlo.
No dejes que nadie te diga
que no puedes.
¡Ve por ello!

Julio Foppoli.

CONTENIDO

AGRADECIMIENTOS

A mi esposa Jacqie por su apoyo incondicional. A mi querido amigo Graeme McGregor por su ayuda constante en todos mis proyectos. A mis hijos Ale y Hannah por ser mi fuente de orgullo e inspiración. Y a mi querida perra Penny, mi fan número uno que me idolatra día y noche sin cesar.

Free and Premium Online Resources for Spanish Learners

Visit the links below to access an ever growing number of amazing Spanish materials:

Freemium Access Ahead:

http://www.esaudio.net/lessons/

JumpStart Your Spanish

http://www.jumpstartyourspanish.com/

The Spanish Audio Blaster

http://www.spanishaudioblaster.com/

Spanish Through Jokes

http://www.spanishthroughjokes.com

The Spanish Subjunctive Video Program

http://www.thespanishsubjunctive.com/

WHO THIS BOOK IS FOR

This book is for pre-intermediate to upper-intermediate Spanish learners who want to have a good time and expand their vocabulary and comprehension skills.

The book is written in Spanish and English, to save you from looking up words and phrases in the dictionary for hours.

1 UNA MUJER ENAMORADA

Erika está feliz. Es la primera vez en su vida que siente un amor tan intenso. Su hermana Carla no está muy feliz al respecto. Ni tampoco sus amigos.

—¡Cabecita enamorada! Hace solo dos días que chateas con Ricardo. ¿Cómo puedes saber que es el hombre de tu vida? —le pregunta Carla.

Erika sonríe y mira a su hermana que está acostada en la cama.

—Porque lo siento en mi corazón— responde Erika—. Es muy gracioso. Y me llama 'Princesa'. Me hace reír mucho.

Erika escribe en la ventana del chat:

—¡Quisiera verte pronto!

Del otro lado del chat, Ricardo comienza a escribir.

—Yo también, Princesa, pero como tú sabes, en este momento no puedo. Estoy en México en un viaje de negocios.

—Ya lo sé, mi amor, pero una puede soñar.

Carla mira a Erika con ternura.

—Ten mucho cuidado, hermanita —dice Carla —. Sé que el amor puede vivirse muy intensamente a los 20 años, pero aún no conoces a Ricardo en persona. Hay muchos mentirosos y estafadores en la Internet y...

Carla no puede continuar. Siente un dolor en el pecho muy fuerte. Erika camina hacia Carla y le da su medicina.

—Después de la operación vas a sentirte como nueva —dice Erika preocupada.

—Sí, 'Princesa'.

Ambas se miran y sonríen.

1 A WOMAN IN LOVE

Erika is happy. It is the first time in her life that she has felt such intense love. Her sister Carla isn't very happy about it. Neither are her friends.

"Lovestruck girl! It's been only two days since you started chatting with Ricardo. How can you know for sure that he is the man in your life?", Carla asks.

Erika smiles and looks at her sister, who is lying in bed.

"Because I feel it in my heart," Erika answers. "He's very funny. And he calls me 'Princess'. He makes me laugh a lot."

Erika writes in the chat window:

"I'd like to see you soon!"

On the other side of the chat, Ricardo starts typing.

"Me too, Princess, but as you know, I can't right now. I'm in Mexico on a business trip."

"I know, my love. But I can dream, can't I?"

Carla looks at Erika with tenderness.

"Be very careful, sis," says Carla. "I know love can be very intense when you are 20, but you haven't met Ricardo in person yet, have you? The Internet is full of liars and scammers and..."

Carla can't bring herself to continue. She feels a very strong chest pain. Erika walks to Carla and gives her her medicine.

"After the operation you will feel like new," Erika says worriedly.

"Yes, 'Princess'," Carla says.

They look at each other and smile.

2 PROBLEMAS EN EL PARAÍSO

Al día siguiente, Erika se levanta muy temprano como todos los días. Chequea a Carla que está durmiendo plácidamente. Inmediatamente, enciende su computadora para chatear con Ricardo.

—¡Hola, mi amor!—le escribe Erika—. Anoche soñé contigo. ¡Te quiero tanto!

Tras unos segundos, un mensaje aparece en la ventana del chat.

—Hola, preciosa. Discúlpame, pero no puedo hablar ahora.

—¿Cuál es el problema?—le pregunta Erika angustiada.

—Nada, Princesa, después te cuento. No quiero preocuparte.

—Tú ya eres parte de mi vida. Si tienes un problema quiero saberlo—escribe Erika.

2. TROUBLE IN PARADISE

The next day, Erika gets up very early just like every other day. She checks on Carla who is sleeping peacefully. Immediately, she turns on her computer to chat with Ricardo.

"Hello, my love!" Erika writes. "I dreamed of you last night. I love you so much!"

After a few seconds, a message appears in the chat window.

"Hello Beautiful, I'm sorry, but I can't talk now."

"What's wrong?" asks Erika, a little anguished.

"Nothing, Princess, I'll tell you later. I don't want to worry you," Ricardo answers.

"You are already a part of my life. If you have a problem I want to know," writes Erika.

3 SABE MÁS EL DIABLO POR VIEJO...

Carla comienza a toser. Erika se levanta para ayudarla. Suavemente, le da unas palmadas en la espalda.

—¿Qué te pasa? Te veo seria—le pregunta Carla.

—Estoy preocupada. Ricardo tiene unos problemas y no me escribe desde hace dos horas.

—Sabes que tarde o temprano va a pedirte dinero, ¿no?

—Estás muy equivocada—responde Erika—. Ricardo es un empresario muy exitoso. No necesita mi dinero. ¡Basta de tanta mala onda!

3. WITH AGE COMES WISDOM.

Carla starts coughing. Erika gets up to help her. She gently taps her on the back.

"You seem serious, what's wrong?" asks Carla.

"I'm worried. Ricardo has some problems, and he hasn't written to me for two hours," Erika answers.

"You know that sooner or later he's going to ask you for money, right?" says Carla.

"You're so wrong," answers Erika.

"Ricardo is a very successful businessman. He doesn't need my money. Cut out the negativity!"

4 PROBLEMAS BANCARIOS

Despúes de tres horas sin saber de Ricardo, la pantalla muestra un mensaje nuevo.

—Perdón por preocuparte, Princesa. Hay un problema temporario con mis tarjetas de crédito y no puedo usarlas.

Erika lee con preocupación.

—Y aún estoy esperando una transferencia bancaria que hice ayer—explica Ricardo.

—Ay, ¡Dios mío! ¡Qué horror!

—Voy a tener todo el dinero en 48 horas. ¡Pero lo necesito ya!—responde Ricardo—. Me da mucha vergüenza pedirte esto, Princesa. ¿Tú podrías enviarme $5.000? Puedo devolverte todo el dinero en dos días.

4 BANK PROBLEMS

After three hours without hearing from Ricardo, the screen shows a new message.

"Sorry to bother you , Princess. There's been a bit of a problem with my credit cards and I can't use them."

Erika reads with concern.

"And I'm still waiting for a bank transfer I made yesterday," Ricardo explains.

"Oh my God, that's terrible."

"I'll have all the money in 48 hours. But I need it now!" he answers . "I'm so embarrassed to ask you this, Princess," he says. "Could you send me $ 5,000? I'll get it back to you in a couple of days."

5 UN PEQUEÑO FAVOR

Un poco sorprendida, Erika mira la pantalla. Piensa por un instante.

—Mira, tengo ese dinero justo para una operación que necesita mi hermana—explica Erika.

—Oh, ¿qué problema tiene?

Erika le explica a Ricardo que su hermana necesita un bypass de corazón. Van a operarla en un mes.

—Es una operación muy seria. Voy a rezar por ella—dice Ricardo—.Si me envías el dinero hoy, puedo darte $6.000 para el viernes.

—¿$6.000?

—Sí, $6.000. Quisiera ayudarte con tu hermana —responde Ricardo—.Como te dije antes, el dinero no es un problema para mí. Todo va a estar bien en un par de días. Esto es algo temporario. Ya vas a ver.

Instantes más tarde, Erika le envía a Ricardo $5.000 a su cuenta bancaria.

—Ya recibí el dinero. Muchísimas gracias, mi amor—dice Ricardo—.Tengo que salir ahora. Necesito ir al banco y debo hablar con unos clientes. Hablamos mañana.

—¿Mañana?—pregunta Erika.

Erika espera noticias de Ricardo durante todo el día, pero sin mucha suerte. Triste, se queda dormida frente a la pantalla de su computadora.

5 A SMALL FAVOR

A little surprised, Erika looks at the screen. She thinks for a moment

"I have that much money, but it's for an operation for my sister," explains Erika.

"Oh, what's wrong with her?"

Erika explains to Ricardo that her sister needs a heart bypass. They are going to operate on her in a month.

"It's a very serious operation. I'll be praying for her," says Ricardo. "If you send me the money today, I can give you $ 6,000 by Friday."

"$ 6,000?" asks Erika.

"Yes, $6,000. I'd like to help you with your sister," Ricardo replies. "As I told you before, money is not a problem for me. Everything will be fine in a couple of days. This is just a temporary set-back. You'll see."

Moments later, Erika sends Ricardo $ 5,000 to his bank account.

"I got the money. Thank you very much, my love," says Ricardo. "I have to go now. I need to go to the bank and I have to talk to some clients. We'll talk tomorrow."

"Tomorrow?" asks Erika.

Erika waits for news from Ricardo throughout the day, but without any luck. Sad, she falls asleep in front of her computer screen.

6 EL SONIDO DEL SILENCIO

A la mañana siguiente, Erika se despierta como siempre, enciende la computadora y ansiosa por hablar con Ricardo escribe:

—Buenos días, mi amor. ¿Cómo estás?

Silencio total. Ricardo no está conectado.

Preocupada, Erika pasa horas frente a su computadora mirando el programa de chat. De repente, Ricardo se conecta.

—Hola, mi amor. ¿Estás bien?—vuelve a escribir Erika.

El mensaje aparece como leído, pero no hay respuesta. Unos segundos después, hay un pitido:«No puede contactar más a Ricardo. ¡Está bloqueada!»

Erika está desesperada. No puede creer lo que está pasando.

«Debe haber algún error» piensa.

Pero no hay ningún error. Erika es una nueva víctima de "El Estafador Romántico".

6 THE SOUND OF SILENCE

The next morning Erika wakes up at her usual time s, turns on the computer and, anxious to talk with Ricardo, writes:

"Good morning my love. how are you?"

Total silence: Ricardo is not connected.

Concerned, Erika spends hours in front of her computer staring at the chat program. Suddenly, Ricardo comes online.

"Hello, my love. Are you okay?"

The message appears as read, but there is no response. A few seconds later, there is a beep. "You cannot contact Ricardo anymore." She's been blocked!

Erika is desperate. She cannot believe what is going on.

"There must be some mistake," she thinks.

But there is not . Erika is a new victim of "The Love Scammer".

7 ¿DÓNDE ESTÁ RICARDO?

Cuando Érika le contó, Carla no lo podía creer. Su vida dependía de una operación y ahora necesitaban $5.000.

—¡Eres una idiota! ¿Cómo puedes hacer algo así? ¿Y ahora qué va a pasar con mi operación? —grita Carla.

—Lo siento, mucho. Voy a encontrar una solución—dice Erika tímidamente.

—¡Es más fácil decirlo que hacerlo! ¡Dios mío! ¡Juegas con mi vida!

Desesperada, Erika decide llamar a Aldo, un viejo amigo de su hermana Carla y experto en computación.

Suena el teléfono en la casa de Aldo. Cuando Aldo responde, Erika le cuenta el problema.

—Lo que me describes es una estafa muy común en Internet conocida como "La Estafa Romántica Nigeriana" —dice Aldo.

Aldo sabe bien que es casi imposible encontrar o llevar a la justicia a este tipo de delincuentes. Sin embargo, va a hacer todo lo posible por ayudar a Erika a dar con Ricardo.

7 WHERE IS RICARDO?

When Erika told her, Carla could not believe it. Her life depended on an operation and now they are $ 5,000 short.

"You're such an idiot! How can you do something like that? And what's gonna happen with my operation now?" screams Carla .

"I'm so sorry! I will find a solution," says Erika timidly.

"Easier said than done! OMG! You're playing with my life here!"

Desperate, Erika decides to call Aldo, one of her sister Carla's old friends and a computer expert.

The phone rings at Aldo's house. When Aldo answers, Erika tells him the problem.

"What you've described to me is a very common scam on the Internet known as "The Nigerian Romance Scam," says Aldo.

Aldo knows well that it is almost impossible to find or bring these types of criminals to justice. However, he will do everything possible to help Erika find Ricardo.

8 UN ESTAFADOR LOCAL

Son las 3 de la tarde. Suena el timbre en la casa de Erika. Erika corre hacia la puerta y la abre. Es Aldo.

—Gracias por venir tan pronto—dice Erika.

—Cualquier cosa por tu hermana. ¿Ella está aquí?

—Sí, pero está durmiendo en este momento. Tuvo una muy mala noche por la estupidez que hice.

—Espero poder ayudarte.

Aldo se sienta frente a la computadora de Erika y comienza a escribir un código. Pasan unos 20 minutos y Aldo sonríe.

—Buenas noticias—comienza diciendo Aldo—. Usualmente estos tipos son de Nigeria u otros países africanos. Ahí es imposible encontrarlos o demandarlos. Por suerte, Ricardo no vive en Nigeria. Su dirección IP muestra que vive relativamente cerca de aquí.

—¡Qué bueno! Supongo que encontrarlo aquí va a ser mucho más fácil que en África.

Aldo le muestra a Erika un álbum de fotos de Ricardo que aparece en muchas redes sociales y sitios de citas por Internet.

—Sí, es él—confirma Erika—. ¿Puedes darme su dirección?

—Sí, es esta que ves aquí.

—Muchísimas gracias, Aldo. Este tipo no va a estafar a nadie más. ¿Quieres quedarte a cenar con nosotras?

8 A LOCAL SCAMMER

It's 3 pm. The bell rings at Erika's house. Erika runs to the door and opens it. It's Aldo.

"Thanks for coming so soon," says Erika.

"Anything for your sister. Is she here?"

"Yes, but she's sleeping right now. She had a very bad night because of my stupidity."

" I hope I can help you."

Aldo sits in front of Erika's computer and starts writing code. He spends about 20 minutes and Aldo smiles.

"Good news - Aldo starts saying -. Usually these guys are from Nigeria or other African countries. It's almost impossible to find them or sue them over there. Luckily, Ricardo doesn't live in Nigeria. His IP address shows that he lives relatively close to here."

" That's good! I guess finding him here is going to be much easier than in Africa."

Aldo shows Erika a photo album of Ricardo that appears on many social networks and online dating sites.

"Yes, it's him," confirms Erika. Can you give me his address?"

"Yes, it's the one you see here."

"Thank you very much, Aldo. This guy is not going to scam anyone else. Do you want to stay for dinner with us?"

9 RICARDO

Es una fría mañana de invierno. Como todas las mañanas, Ricardo va al café "Mágica Locura" y pide un café cortado con dos medialunas.

Ricardo tiene 30 años. No es atlético. No es particularmente atractivo, pero tampoco es feo. Es un hombre más del montón. Le gusta la música de los 80, mirar fútbol en la tele y jugar con su perra Brenda. Y le encanta su trabajo_ probablemente demasiado.

Ricardo gana dinero en línea. Por eso, pasa mucho tiempo frente a la computadora. Tiene muy poca vida social, y su mundo es principalmente digital.

Es soltero, en gran parte debido a su timidez para hablar con las mujeres. Ricardo está triste. Quisiera tener una novia, pero para las mujeres Ricardo siempre es "un buen amigo."

9 RICARDO

It's a cold winter morning. Like every morning, Ricardo goes to the "Mágica Locura" café, and orders a white coffee with two croissants.

Ricardo is 30 years old. He is not athletic. He is not particularly attractive, but neither is he ugly. He is an average looking man. He likes 80s music, watching soccer on TV and playing with his dog Brenda. And he loves his job - probably too much.

Ricardo earns money online. That's why he spends a lot of time in front of the computer. He has very little social life, and his world is mainly digital.

He is single, mainly because of his shyness to talk to women. Ricardo is sad. He would like to have a girlfriend, but for women, Ricardo is always "a good friend."

10 UN DÍA ESPECIAL

Pero hoy parece ser un día diferente para Ricardo. ¿Cambiarán las cosas para él? Mientras desayuna, ve a una mujer bonita que lo mira desde la distancia. Ricardo quiere mirarla a los ojos, pero no puede.

La mujer continúa mirando a Ricardo intensamente. Ricardo está feliz, pero muy nervioso. «¿Qué hago?» piensa Ricardo, «¿Debería preguntarle algo? ¿Qué le digo?»

La mujer se levanta. Camina hacia la mesa de Ricardo muy sensualmente y lo mira.

—¿Ricardo?—dice la mujer.

Ricardo la mira sorprendido y sonríe inocentemente.

—¡Hola! «¿De dónde me conoce? »piensa Ricardo.

—Hola. Soy Erika.

Ricardo está aún más sorprendido. No conoce a ninguna mujer llamada Erika. Pero ella sí lo conoce a él. Para no quedar mal, Ricardo simula conocerla.

—Hola Erika. ¿Cómo estás tanto tiempo? ¿La familia está bien?

10 A SPECIAL DAY

But today seems to be a different day for Ricardo. Will things change for him? While he's having breakfast, he sees a pretty woman looking at him from a distance. Ricardo wants to look at her in the eye, but he cannot.

The woman continues to look at Ricardo intensely. Ricardo is happy, but very nervous. "What do I do?" Thinks Ricardo. "Should I ask her something? What do I tell her?"

The woman stands up and walks sensually to Ricardo's table. She looks at him.

"Ricardo?" says the woman.

Ricardo looks at her surprised and smiles innocently.

"Hi!" "Where does she know me from?" Ricardo thinks.

"Hi. I'm Erika."

Ricardo is even more surprised. He doesn't know any woman named Erika. But she does know him. He doesn't want to look bad, so he pretends to know her.

"Hello Erika. Long time no see! Is the family okay?"

11 UNA OPORTUNIDAD ÚNICA

Ricardo está muy feliz. No todos los días tiene la oportunidad de hablar con una mujer. Y menos con una tan guapa como Erika.

—Mi familia bien, menos mi hermana. Tú ya sabes, necesita una operación pronto —dice Erika.

—Claro.

—Sí, Carla —dice Erika—.Y necesito el dinero para la operación pronto.

—Voy a rezar por tu hermana y por ti —dice Ricardo.

Erika no puede creer la frialdad de Ricardo. ¿Le roba el dinero y ahora solo le dice que va a rezar por ellas?

—Me encantó hablar contigo. Pero tengo que ir a trabajar —dice Ricardo.

—¿Qué haces?—pregunta Erika.

—Trabajo desde casa. Me gano la vida en línea, tú sabes.

«Sí, claro que lo sé», piensa Erika.

—¿Tienes planes para el fin de semana?— pregunta Ricardo.

11 A UNIQUE OPPORTUNITY

Ricardo is very happy. He doesn't get the chance talk to a woman every day. And even less, with one as pretty as Erika.

"My family's doing well, except for my sister, you know. She needs an operation soon," says Erika.

"Claro (sure)"

"Yes, Carla" says Erika. "And I need the money for the operation soon."

"I'm going to pray for your sister and for you," says Ricardo.

Erika cannot believe Ricardo's coldness. He steals her money and now he only tells her that he will pray for them?

"I love talking to you. But I have to go to work," says Ricardo.

"What do you do?" asks Erika.

"I work from home. I earn my living online, you know," answers Ricardo.

"Yes, of course I know!" thinks Erika.

"Do you have plans for the weekend?" asks Ricardo.

12 BRENDA

—Quisiera conocer a Brenda.

«¿Cómo sabe de Brenda?», piensa Ricardo.

—Si tienes tiempo para venir a mi casa puedo...

—Dale, vamos —lo interrumpe Erika.

Ricardo entra a su casa con Erika. Ricardo está fascinado. Ver a una mujer en la casa de Ricardo es más difícil que encontrar a un político honesto.

Brenda, una hermosa perra pastor alemán les da la bienvenida.

—Ay, ¡qué bonita! ¡Me encantan los pastores alemanes!¿Cuántos años tiene?

—Cumple 5 años el 22 de octubre.

—Hola Brendita, hermosa, ¿cómo estás?—dice Erika mientras analiza el lugar atentamente. Observa que hay muchas decoraciones y recuerdos de México y de Costa Rica.

—¿Quieres tomar algo? —pregunta Ricardo.

—No, tengo que irme.

—¿Tan pronto? ¡Qué pena! Quisiera verte el fin de semana.

Un poco sorprendida por la invitación, Erika le da un número de teléfono falso y luego se despide y se va a su casa. Ricardo sonríe. Por primera vez en muchos años siente que puede ser feliz.

12 BRENDA

"I'd like to meet Brenda".

"How does she know about Brenda?" thinks Ricardo. "If you have time to come to my house I can ..."

"Let's go!" interrupts Erika.

Ricardo enters his house with Erika. Ricardo is fascinated. Seeing a woman in Ricardo's house is more difficult than finding an honest politician!

Brenda, a beautiful German Shepherd welcomes them.

"Oh, how beautiful! I love German shepherds! How old is she?"

"She turns 5 on October 22."

"Hi, little Brenda, beautiful, how are you doing?" says Erika while scanning the place carefully. She notices there are many decorations and souvenirs from Mexico and Costa Rica.

"Do you want a drink?" Ricardo asks.

"No, I have to go."

"So soon? What a pity! I'd like to see you this weekend."

A little surprised by the invitation, Erika gives him a fake phone number and then says goodbye and leaves. Ricardo smiles. For the first time in many years, he feels he can be happy.

13 EL OPERATIVO POLICIAL

En la estación de policía, Erika habla con un policía de la división "delitos informáticos".

—¿Y puede identificar al sujeto con seguridad? —pregunta el oficial.

—Sí. Aquí tengo todas nuestras conversaciones por chat. Y esta es su dirección IP —responde Erika.

Ricardo está en el living de su casa, sentado frente a la computadora. Bebe mate mientras trabaja cómodamente en ropa interior. ¡Ah, los beneficios del trabajo desde casa!

De repente, la puerta de su casa se abre. ¡Es la policía!

Asustado, Ricardo controla a su perra. Un policía le pone las esposas y le lee los derechos.

Conmocionado, Ricardo observa cómo los policías destruyen su casa buscando quién sabe qué. Otro policía se lleva su computadora.

—¡Mi computadora, no! ¡Por favor! ¡Es mi fuente de ingresos! —les ruega Ricardo—. Debe haber un error. Soy inocente.

En ese momento, Erika entra a la casa y señala a Ricardo:

—Es él.

13 THE POLICE OPERATION

At the police station, Erika talks to a police officer in the "computer crimes" division.

"And are you positive you can ID the suspect?" Asks the officer.

"Yes. Here, I have all our conversations. And this is his IP address," answers Erika.

Ricardo is in the living room of his house, sitting in front of his computer. He is drinking mate while he works comfortably in his underwear. Oh, the benefits of working from home!

Suddenly, the door of his house flings open. It's the police!

Scared, Ricardo tries to control his dog. A policeman puts handcuffs on him, and reads him his rights.

Shocked, Ricardo watches as the police destroy his house looking for who knows what. Another policeman takes his computer.

"Not   my computer Please! It's my source of income!" Begs Ricardo. "There must be some mistake. I'm innocent."

At that moment, Erika enters the house and points at Ricardo.

"It's him!"

14 REGRESO A CASA

Unos días después, Ricardo regresa a su casa. No puede creer lo que ve. Sus muebles están destruidos.

—¡Maldita sea!

Alguien golpea la puerta. Es su vecino Mauricio que trae a su perra.

—¡Dios mío! ¡Pasó un terremoto por aquí! —dice Mauricio sorprendido.

Brenda salta muy feliz. Salta como loca mientras Ricardo la trata de abrazar.

—Muchas gracias por tenerla estos días.

—¡Cualquier cosa por mi amigo 'el fugitivo'!— dice Mauricio.

En la estación de policía, Erika habla con un detective.

—Ricardo está limpio. Esa no es la computadora de donde salieron los mensajes —dice el detective.

—¿Pero cómo es posible? ¡Es la misma dirección IP de los mensajes!

—El tipo es un idiota. Tiene su conexión Wi-Fi abierta. ¡Nadie deja una conexión abierta hoy en día! Algún hacker local usó su conexión y robó su identidad—le explica el oficial.

Erika no puede creerlo. Piensa en el mal momento que Ricardo está pasando por su culpa.

14 GOING BACK HOME

A few days later, Ricardo returns home. He cannot believe what he sees. His furniture is destroyed.

"Darn it!"

Someone knocks on the door. It's his neighbor Mauricio who brings his dog back.

"OMG! There's been an earthquake here!" Mauricio says in surprise.

Brenda jumps happily like crazy while Ricardo tries to hug her.

"Thank you very much for having her these days."

"Anything for my 'fugitive' friend," says Mauricio.

At the police station, Erika talks to a detective.

"Ricardo is clean. That is not the computer where the messages came from," says the detective.

"But how is it possible? It is the same IP address of the messages!" says Erika.

"The guy is an idiot. He keeps his Wi-Fi connection open. Nobody has an open Wi-Fi connection today!

Some local hacker used his connection and stole his identity," the officer explains.

Erika cannot believe it as she thinks about the bad time that Ricardo is experiencing because of her.

15 UNA SITUACIÓN MUY TENSA

Erika no puede dejar de pensar en Ricardo. Tampoco en su hermana. En menos de 10 días tiene agendada una operación que puede salvarle la vida. Pero ahora no tiene el dinero para hacerla. Por su culpa, su hermana puede morir.

Mauricio y Ricardo están almorzando juntos en la casa de Ricardo. Alguien golpea la puerta.

—¿Puedes ver quién es? ¡Necesito ir al baño ya!— dice Ricardo.

Mauricio abre la puerta y no puede esconder su sorpresa al ver quién es.

—Ahh, ho… hola—dice Mauricio tímidamente.

—Hola, ¿está Ricardo?—dice Erika.

—Sí, pasa. Creo que va a demorar un ratito. Está meditando.

Suena la cadena del baño. Erika y Mauricio se ríen.

Ricardo sale del baño y con horror ve a Erika.

—¿Qué haces tú, aquí?

—Lo siento mucho, Ricardo. Estoy aquí para disculparme contigo.

—Bueno, veo que ustedes tienen que hablar. Mejor me voy y... —dice Mauricio.

—No tengo nada que hablar con la señorita. Ella ya se va —dice Ricardo firme.

—Por favor, quisiera... —dice Erika.

—¡Fuera de mi casa! ¡No eres bienvenida.

La situación es muy tensa. Erika está muy triste. Ricardo está furioso. Mauricio está confundido.

15 A VERY TENSE SITUATION

Erika cannot stop thinking about Ricardo. Nor her sister. In less than 10 days, there is a scheduled operation that can save her life. But now she does not have the money to do it. Because of her, her sister may die.

Mauricio and Ricardo are having lunch together at Ricardo's house. Someone knocks on the door.

"Can you see who it is? I need to use the bathroom now," says Ricardo.

Mauricio opens the door and cannot hide his surprise when he sees who it is.

"Ahh he .. hello," Mauricio says timidly.

"Hi, is Ricardo in?" asks Erika.

"Yes, come in. I think it's going to take a little while. He is meditating."

A toilet is flushed. Erika and Mauricio laugh.

Ricardo comes out of the bathroom and with horror, he sees Erika.

"What are you doing here?"

"I'm so sorry, Ricardo. I'm here to apologize to you."

"Well, I see that you have to talk. I better go and ..." Mauricio says.

"I have nothing to talk about with the lady. She's leaving now," says Ricardo firmly.

"Please, I would like to ..." says Erika.

"Get out of my house! You are not welcome."

The situation is very tense. Erika is very sad. Ricardo is furious. Mauricio is confused.

16 MAURICIO INVESTIGA

—Bueno, yo me voy de todos modos—dice Mauricio.

Mauricio se va y Erika sale con él.

—Tienes que entenderlo—dice Mauricio—.Es un buen tipo que está pasando por una situación muy difícil—agrega—.¿Quieres tomar algo?

Erika y Mauricio entran a un restaurante muy bonito.

—Pide lo que quieras, yo invito—dice Mauricio.

Erika pide un yogurt de vainilla con mermelada de frutilla y almendras. Mauricio pide Waffles y jugo de naranja.

—Pero dime, ¿qué pasó? ¿Por qué Ricardo está tan enojado contigo?—le pregunta Mauricio—.¡Es muy raro ver a Ricardo enojado!

Erika y Mauricio pasan un largo rato en el restaurante discutiendo lo que pasó.

—Necesito hablar con Ricardo. ¡Pobre hombre! Es otra víctima como yo—dice Erika.

—No te preocupes. Yo voy a hablar con Ricardo para convencerlo de hablar contigo—dice Mauricio—. Tú debes encontrar el dinero para la operación de tu hermana. Eso es lo que importa ahora.

—Muchas gracias por tu ayuda—dice Erika—.Es lo que voy a hacer—agrega.

16 MAURICIO INVESTIGATES

"Well, I'm leaving anyway," says Mauricio.

Mauricio leaves and Erika goes out with him.

"You have to understand him," says Mauricio. "He is a good guy who is going through a very difficult situation," he adds. "Would you like to have a drink?"

Erika and Mauricio enter a very nice restaurant.

"Order whatever you want, I'll buy," says Mauricio.

Erika orders a vanilla yogurt with strawberry jam and almonds. Mauricio asks for Waffles and orange juice.

"But tell me, what happened? Why is Ricardo so angry with you?" Mauricio asks. "It's so strange to see Ricardo angry!"

Erika and Mauricio spend a long time in the restaurant discussing what happened.

"I need to talk to Ricardo. Poor guy! He is another victim just like me," says Erika.

"Don't worry. I'm going to talk to Ricardo and convince him to speak to you," says Mauricio. "You must find the money for your sister's operation. That's what matters now."

"Thank you very much for your help," says Erika. "It's what I'm going to do," she adds.

EL ESTAFADOR ROMÁNTICO

17 UNA MUJER OBSESIONADA

Ricardo está jugando con Brenda en el parque. Mauricio pasa por el parque, ve a Ricardo y se saludan. Luego...

—Esa mujer está obsesionada contigo —dice Mauricio.

—¿Obsesionada?

—Ayer cuando salimos de tu casa, fui con ella a un restaurante. Quería saber qué pensaba de ti para ayudarte. Es obvio que te odia, y que no va a parar hasta destruirte.

—¿Pero por qué? Ni siquiera la conozco. ¿Por qué me hace esto?

—Dice que te pareces a un ex-novio que tuvo. Este hombre era una muy mala persona.

—¡Pero yo no soy su ex-novio! ¿Por qué quiere destruirme a mí?

—Traté de explicarle eso. Pero esa mujer está loca, Ricardo. Está obsesionada contigo. No debes hablar con ella nunca más —afirma Mauricio.

—Muchas gracias por tu ayuda. Tú eres un gran amigo —le dice Ricardo.

17 AN OBSESSED WOMAN

Ricardo is playing with Brenda in the park. Mauricio goes through the park, sees Ricardo and they greet each other. Then ...

"That woman is obsessed with you," says Mauricio.

" Obsessed?"

"Yesterday when we left your house, I went to a restaurant with her. I wanted to know what she thought of you to help you. It's obvious that she hates you, and that she won't stop until she destroys you."

"But why? I don't even know her. Why is she doing this to me?"

"She says you look just like an ex-boyfriend she had. This man was a very bad person."

"But I'm not her ex-boyfriend! Why does she want to destroy ME?"

"I tried to explain that to her. But that woman is crazy, Ricardo. She is obsessed with you. You should not talk to her anymore," says Mauricio.

"Thank you very much for your help. You are a great friend," Ricardo tells him.

18 UN GRAN CORAZÓN

Carla está durmiendo. Erika está a su lado sosteniéndole la mano. La cara de Carla muestra su dolor. Erika está deprimida. No sabe cómo ayudar a su hermana.

Está consciente de que si no consigue $5.000 en los próximos 7 días, su hermana no va a poder tener la operación que tanto necesita. De repente suena el teléfono.

—¿Hola?

—Hola, Erika, ¿cómo estás?

—¿Quién habla? —pregunta Erika.

—Hola, habla Mauricio.

—Hola, ¿pudiste hablar con Ricardo?

—Sí, pero tengo malas noticias. Dice que si tratas de contactarlo nuevamente, va a pedir una orden de alejamiento contra ti —le explica Mauricio.

—Trata de concentrarte en tu hermana, y no pienses más en Ricardo. Es lo mejor para todos— agrega Mauricio.

—Tienes razón. Gracias por tu ayuda. Tienes un gran corazón.

—Tú también, Princesa.

«¿Princesa?» piensa Erika.

18 A GREAT HEART

Carla is sleeping. Erika is by her side holding her hand. Carla's face shows her pain. Erika is depressed. She does not know how to help her sister.

She is aware that if she does not get $ 5,000 in the next 7 days, her sister will not be able to have the much-needed operation. Suddenly, the phone rings.

"Hello?"

"Hi, Erika, how are you doing?"

"Who's calling?" Erika asks.

"Hi, this is Mauricio".

"Hi, could you talk to Ricardo?"

"Yes, but I have bad news. He says that if you try contacting him again, he will get a restraining order against you," Mauricio explains.

"Try focusing on your sister, and don't think about Ricardo anymore. It's the best for everyone involved," adds Mauricio.

"You're right. Thanks for your help. You have a great heart."

"You too, Princess."

"Princess?" thinks Erika.

19 OTRO DÍA FRÍO EN LA CIUDAD

Como todas las mañanas, Ricardo llega a la cafetería "Mágica Locura" y pide un café cortado con dos medialunas. Es otra mañana fría y gris en Buenos Aires, demasiado gris, especialmente para Ricardo.

La mesera le trae su desayuno a la mesa.

—Esto se ve delicioso —dice la mujer.

—Muchas gracias, Daniela. Esto es para ti —dice Ricardo mientras le da su propina.

Ricardo ojea el diario que está en la mesa, cortesía del restaurante. Mira la sección de clasificados de electrónica. Necesita cambiar el disco duro de su computadora.

La policía destruyó su disco duro. Por eso, Ricardo no ha podido trabajar en su negocio en línea por varios días. Ricardo crea sitios web a precios razonables. Pero ahora sus clientes están furiosos porque Ricardo aún no ha terminado los trabajos.

19 ANOTHER COLD DAY IN THE CITY

Like every morning, Ricardo arrives at the cafeteria "Mágica Locura" and orders a white coffee with two croissants. It's another cold, gray morning in Buenos Aires, too gray_ especially for Ricardo.

The waitress brings his breakfast to the table.

"This looks delicious," says the woman.

"Thank you very much, Daniela. This is for you," says Ricardo as he gives her a tip.

Ricardo scans the newspaper on the table, courtesy of the restaurant. He looks at the electronics classified section. He needs to replace his computer hard drive.

The police destroyed his hard drive. Because of that, Ricardo has not been able to work on his online business for several days. Ricardo creates websites at reasonable prices. But now, his clients are furious because Ricardo has not finished the work yet.

20 UNA MUJER DECIDIDA

—Necesito hablar contigo —dice una voz femenina.

Ricardo levanta los ojos. —¿Qué haces aquí? —pregunta Ricardo sorprendido—. ¿Me estás siguiendo?

—Por favor, necesito dos minutos de tu tiempo

—¿Por qué me odias tanto? —pregunta Ricardo sorprendido—. ¡Yo no soy tu ex-novio!

—¿Mi ex-novio? —pregunta Erika confundida— ¿De qué hablas? Tienes que escucharme, por favor. Solo un momento y luego no vas a oír de mí nunca más en tu vida. No va a ser necesaria una orden de alejamiento.

—¿Orden de alejamiento? —pregunta Ricardo aún más confundido.

—Sé quién está detrás de todo esto—afirma Erika.

20 A DETERMINED WOMAN

"I need to talk to you," says a female voice.

Ricardo looks up. "What are you doing here?" Ricardo asks in surprise. "Are you following me?" He adds.

"Please, I need two minutes of your time."

"Why do you hate me so much?" Ricardo asks surprised. "I'm not your ex-boyfriend!"

"My EX-BOYFRIEND?" Erika asks confused. "What are you talking about? You have to listen to me, please. I need just a moment, and then you won't hear from me ever again. A restraining order won't be necessary."

"A Restraining order?" asks Ricardo even more confused.

"I know who is behind all this," says Erika.

21 UNA VISITA INESPERADA

Mauricio acaba de ducharse. Está listo para otro nuevo día de trabajo en el mundo digital. De repente, alguien golpea su puerta.

—¿Quién es?

—Soy yo, Ricardo.

Mauricio abre la puerta y ve a Ricardo... y también a Erika.

—Y yo, Erika.

Mauricio está muy sorprendido y confundido pero trata de actuar normalmente.

—Hola, ¿qué tal? ¡Qué bueno que... —comienza a decir Mauricio.

—Necesitamos hablar contigo —lo interrumpe Ricardo.

—En este momento no puedo, tengo que...—trata de explicar Mauricio.

—O hablamos ahora, o vamos a la policía ya mismo —grita Erika.

—¿A la policía? ¿De qué estás hablando? —pregunta Mauricio.

Mauricio hace pasar a Ricardo y a Erika a su casa. Ricardo toma la iniciativa.

—Eres una basura. Robaste mi información personal y la usaste para engañar a mujeres indefensas —grita Ricardo.

—¿Que hice qué? ¿Pero qué me estás...?

—¡Sabías que mi hermana necesitaba una operación y no te importó! ¡Solo querías dinero! —grita Erika furiosa.

21 AN UNEXPECTED VISIT

Mauricio has just taken a shower. He is ready for a new day of work in the digital world. Suddenly, someone knocks on his door.

"Who is it?"

"It's me, Ricardo."

Mauricio opens the door and sees Ricardo ... and Erika too.

"And me, Erika".

Mauricio is very surprised and confused, but tries to act normally.

"Hi, how are you doing? It's good that ..." Mauricio starts saying. "We need to talk to you," Ricardo interrupts.

"Right this minute? I can't, I have to..." Mauricio tries to explain.

"Either we talk now, or we're going to the police right now," shouts Erika.

"To the police? What are you talking about?" Mauricio asks.

Mauricio lets Ricardo and Erika in. Ricardo takes the initiative.

"You are rubbish. You stole my personal information and used it to scam defenseless women," shouts Ricardo.

"That I did what? But what are you..?"

"You knew my sister needed an operation and you didn't care! You just wanted money!" Yells Erika furiously.

22 LA EXTORSIÓN

—No tienen ningún derecho a insultarme así. ¡No hice nada de eso! ¡Fuera de mi casa!

—Tienes dos opciones —dice Ricardo—. O le devuelves el dinero que le robaste a Erika o salimos de tu casa y vamos directamente a la policía.

—Tú decides—agrega Erika.

—¿O el dinero o la policía? ¿Me están extorsionando? —pregunta Mauricio confundido.

—Sí —responden Erika y Ricardo al mismo tiempo.

Mauricio parece confundido. Piensa por un momento.

—Entonces, ¿si les doy el dinero, no van a la policía?

—Sí, $5.000 en efectivo—dice Erika.

—$10.000—corrige Ricardo—.Por las angustias y los problemas causados.

—¡Pero no tengo tanto dinero! ¿Creen que soy Bill Gates?—pregunta Mauricio indignado.

—El dinero ahora o la policía. Tú decides—dice Ricardo.

Mauricio piensa por un momento, mira a Ricardo y a Erika y abre el primer cajón en su escritorio.

22 THE EXTORTION

"You have no right to insult me like that. I did not do any of that! Get out of my house!"

"You have two options," says Ricardo. "Either you return the money you stole from Erika, or as soon as we leave your house, we'll go directly to the police."

"You decide," adds Erika.

"The money, or the police? Are you blackmailing me?" Asks Mauricio confused.

"Yes," Erika and Ricardo respond at the same time.

Mauricio seems confused. He ponders for a moment.

"So, if I give you the money, you won't go to the police?"

"Yes, $ 5,000 in cash," says Erika.

"$ 10,000," Ricardo corrects. "Because of the anguish and the problems you caused."

But I do not have that much money! Do you think I'm Bill Gates?" Mauricio asks indignantly.

"The money now, or the police. Your choice," says Ricardo.

Mauricio thinks for a moment, looks at Ricardo and Erika and opens the first drawer on his desk.

23 NADA PERSONAL

Ricardo y Erika no pueden creerlo. ¡El cajón está lleno de dinero! Mauricio toma un pequeño fajo de dinero. Lo cuenta y separa $10.000.

—Aquí tienen. $10.000. Y de esto ni una palabra a nadie. ¿Entendido?

Erika toma el dinero y lo cuenta. Ricardo mira seriamente a Mauricio.

—No lo tomen como algo personal. Es solo un negocio —se justifica Mauricio.

—No quiero verte más en mi vida. ¡Eres una basura! —le dice Ricardo.

Erika y Ricardo salen de la casa de Mauricio. Ricardo toma su teléfono móvil y hace una llamada.

—Un momentito —le dice a Erika.

Ricardo habla con alguien unos instantes. Tras su llamada, Ricardo camina hacia Erika.

—Listo. Ahora, nuestra prioridad es tu hermana —dice Ricardo.

23 NOTHING PERSONAL

Ricardo and Erika cannot believe it. The drawer is full of money! Mauricio takes a small wad of money; he counts it and separates $10,000.

"Here you are: $10,000. And not a word of this to anyone. Understood?"

"Erika takes the money and counts it." Ricardo glares at Mauricio.

"Don't take it personally. It's just business," Mauricio justifies.

"I don't want to see you ever again in my life. You are a scoundrel!" Ricardo tells him.

Erika and Ricardo leave Mauricio's house. Ricardo takes his cell phone and makes a call.

- "Just a moment," he says to Erika.

Ricardo talks to someone for a moment. After his call, Ricardo walks towards Erika.

"Ready? Now, your sister's our priority" says Ricardo.

24 LA OPERACIÓN

Han pasado dos días. Ricardo y Erika están en el hospital esperando novedades sobre Carla. Erika está muy nerviosa. Un doctor se acerca con cara muy seria.

—¿Es usted familiar de la Sra. Carla Castillo? —pregunta el doctor.

—Sí, soy la hermana.

—Le tengo buenas noticias. La operación fue todo un éxito—dice el doctor.

Erika y Ricardo sonríen y se abrazan por un largo rato. ¡Al fin buenas noticias!

24 THE OPERATION

Two days passed. Ricardo and Erika are in the hospital waiting for news about Carla. Erika is very nervous. A doctor approaches them with a very serious face.

"Are you a relative of Mrs. Carla Castillo?" asks the doctor.

"Yes, I'm her sister."

"I have good news for you. The operation was a success," - says the doctor.

Erika and Ricardo smile and embrace for a long time. Good news, at last!

25 UN NUEVO AMANECER

Al día siguiente, el sol de la mañana comienza a calentar la fría ciudad de Buenos Aires. Como siempre, Ricardo espera su café con medialunas. La mesera llega, pero esta vez tiene dos desayunos.

Le sirve el suyo a Ricardo y enfrente de su mesa, coloca el otro. Ricardo lee el periódico. En ese momento, llega Erika, le da un beso y se sienta frente a él. Sonriente, Ricardo le muestra la tapa del diario.

—¿Cristina Kirchner gana las elecciones con el 58% de los votos? —pregunta sorprendida Erika.

Ricardo mira el periódico otra vez.

—Oh, no. Perdón, esta otra parte —le dice.

Erika no lo puede creer. El periódico dice: "Policía Federal Arresta Estafador Romántico Argentino". Erika sonríe de oreja a oreja.

—Pensé que no íbamos a llamar a la policía.

—Fue una mentira piadosa. Él nos mintió en la cara muchas veces. Y también les mintió a muchísimas mujeres de todo el mundo. Bueno, yo le mentí una sola vez. Le prometí no llamar a la policía pero la llamé —dice Ricardo.

Erika sonríe. Se acerca a Ricardo y ambos se besan. Luego, le toma la mano y sonríe nuevamente. Ambos sienten que algo fantástico los espera.

25 A NEW DAWN

The next day, the morning sun begins to warm the cold city of Buenos Aires. As always, Ricardo waits for his white coffee with croissants. The waitress arrives, but this time, she has two breakfasts.

She serves Ricardo, and in front of his table, places the other one. Ricardo reads the newspaper. At that moment, Erika arrives, kisses him and sits in front of him. Smiling, Ricardo shows her the front page of the newspaper.

"Cristina Kirchner wins the elections with 58% of the votes?" Asks Erika surprised.

Ricardo looks at the newspaper again.

"Oh no. Sorry, this other part," he says.

Erika cannot believe her eyes. The newspaper reads: "Federal Police Arrest Dangerous Romantic Scammer." Erika smiles from ear to ear.

"I thought we were not going to call the police?"

"It was a white lie. He lied to us in the face many times. And he also lied to a lot of women around the world. Well, I lied to him just once. I promised not to call the police, but I did," says Ricardo.

Erika smiles. She approaches Ricardo and they kiss. Then, she holds his hand and smiles smile again. They both feel that something fantastic awaits them.

ABOUT THE AUTHOR

JULIO FOPPOLI is a teacher of English as a Second Language (ESL / EFL teacher) and a Spanish teacher from Argentina, currently living in the United States. After years of teaching both in regular and bilingual schools and developing ESL / EFL educational materials, he was handpicked by the prestigious VIF PROGRAM amongst thousands of candidates to teach English and Spanish as a Second Language in the US.

His focus has always been to enable students to master the language in the shortest possible time and nowhere is this reflected better than through his premium programs: Jumpstart Your Spanish!, The Spanish Audio Blaster, Learning Spanish Through Jokes, and The Spanish Subjunctive as well as in his free educational online resources with over 400 audio and video lessons for learners of all ages and levels.

Other Materials by the Author

Beginning to Pre- Intermediate Learners (A1 - A2)

- JumpStart Your Spanish
- Spanish Audio Blaster
- Spanish Through Jokes
- Free Vocabulary Video Lessons
- Free Audio Lessons
- Free Grammar Lessons

Intermediate to Advanced Learners (B1 - C2)

- The Subjunctive Video Program

All Levels

- Spanish Newsletter
- Live Online Spanish Courses
- Youtube Channel
- Facebook Page
- Twitter Page

Spanish Resources

http://www.esaudio.net

Made in the USA
Middletown, DE
15 June 2019